나도 한번쯤 다른 그림 찾기

초판 발행 · 2018년 9월 1일
초판 2쇄 발행 · 2022년 2월 15일

지은이 편집부
펴낸이 이강실
펴낸곳 도서출판 큰그림
등 록 제2018-000090호
주 소 서울시 마포구 양화로 133 서교타워 1703호
전 화 02-849-5069
팩 스 02-6004-5970
이메일 big_picture_41@naver.com

디자인 예다움
인쇄 및 제본 미래 피앤피

가격 7,000원
ISBN 979-11-964590-0-0 13690

나도 한 번쯤

다른 날 친구

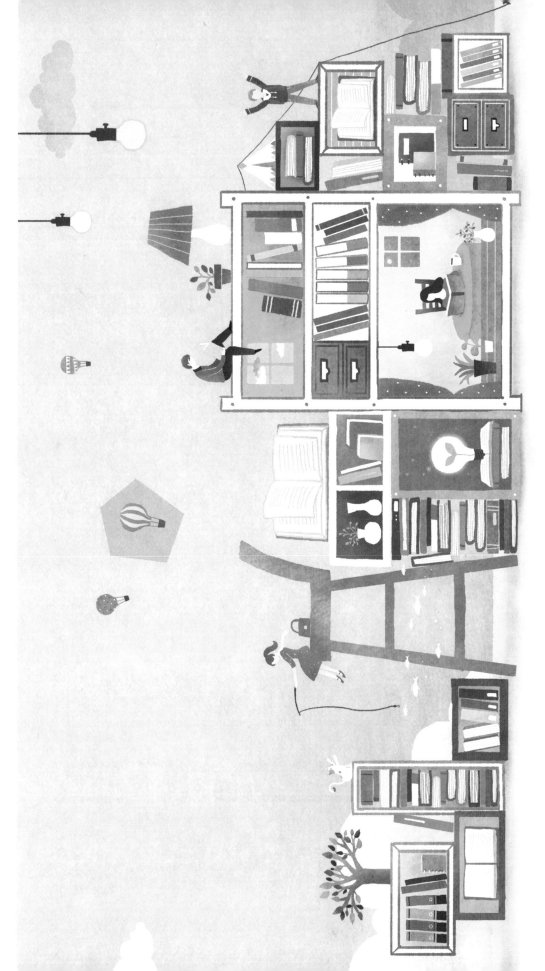

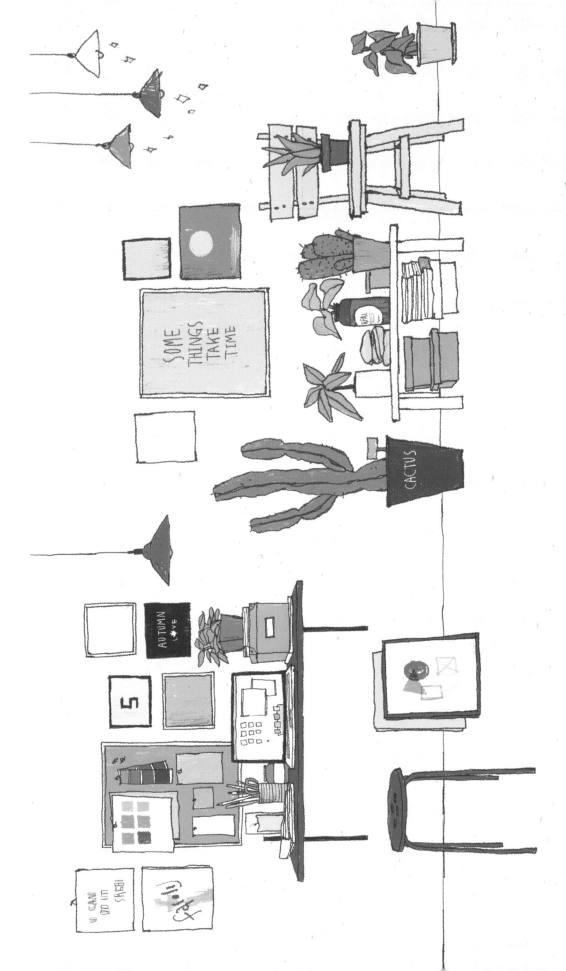

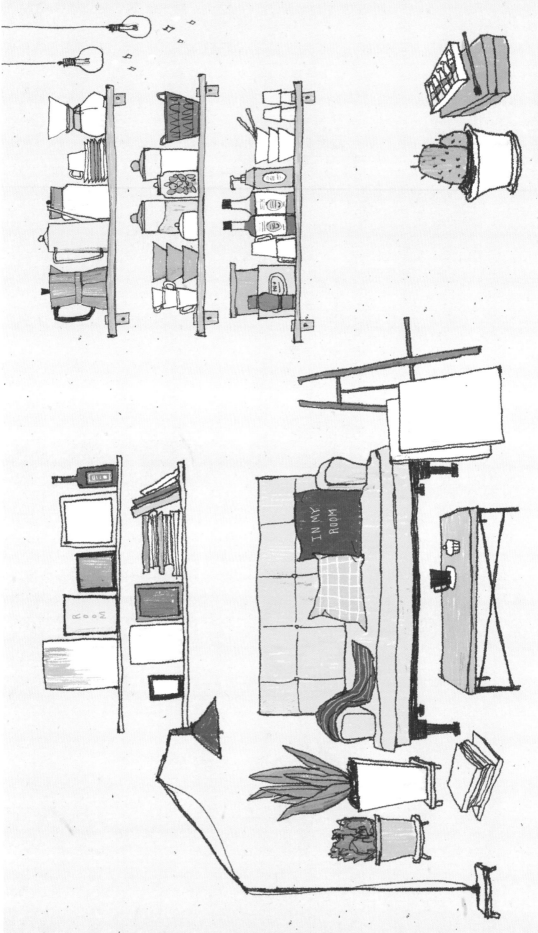

정답은 72쪽에 있습니다.

13

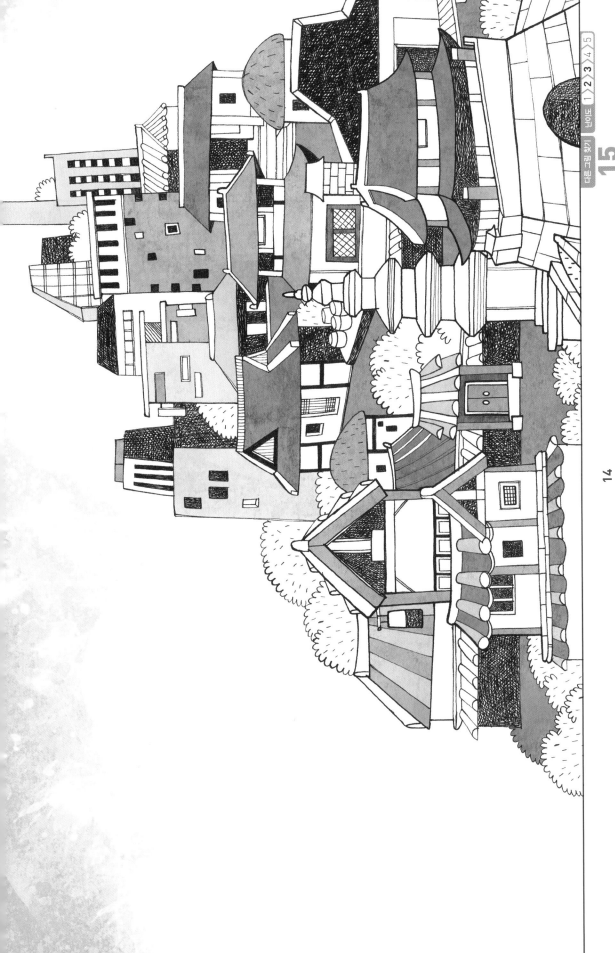

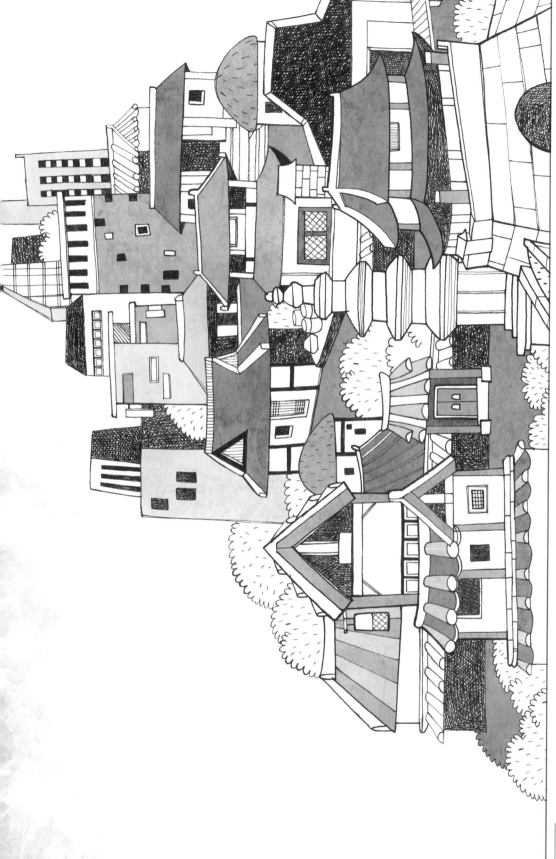

15

숨은
그림
찾기

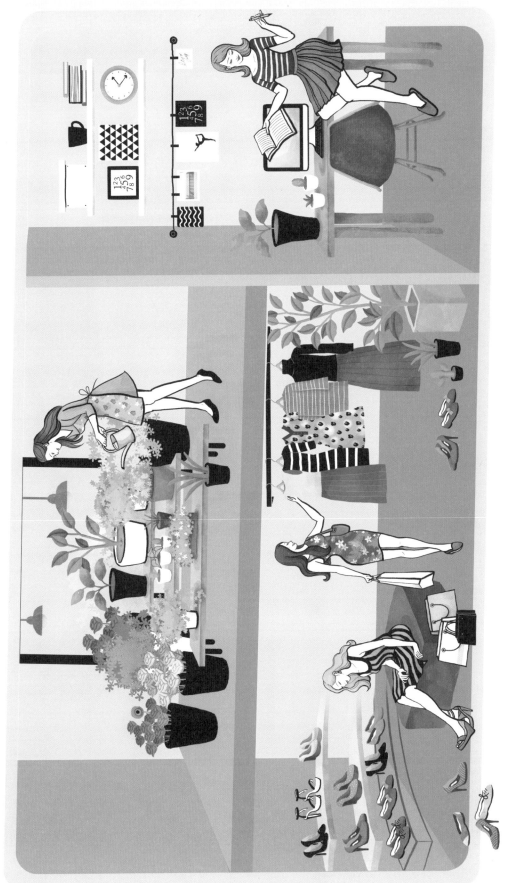

정답은 72쪽에 있습니다.

BEAUTY OBJECT

BEAUTY OBJECT

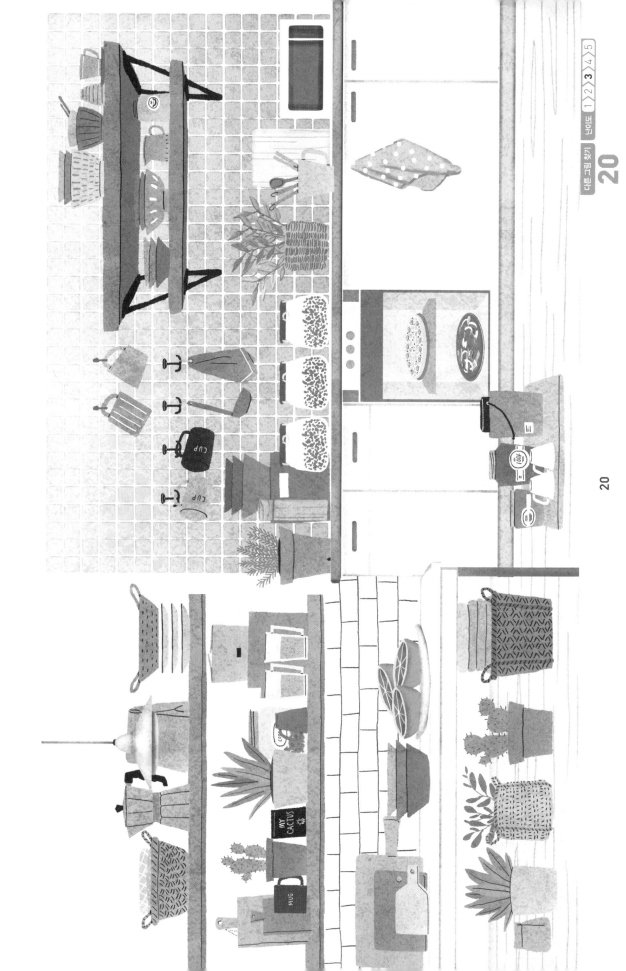

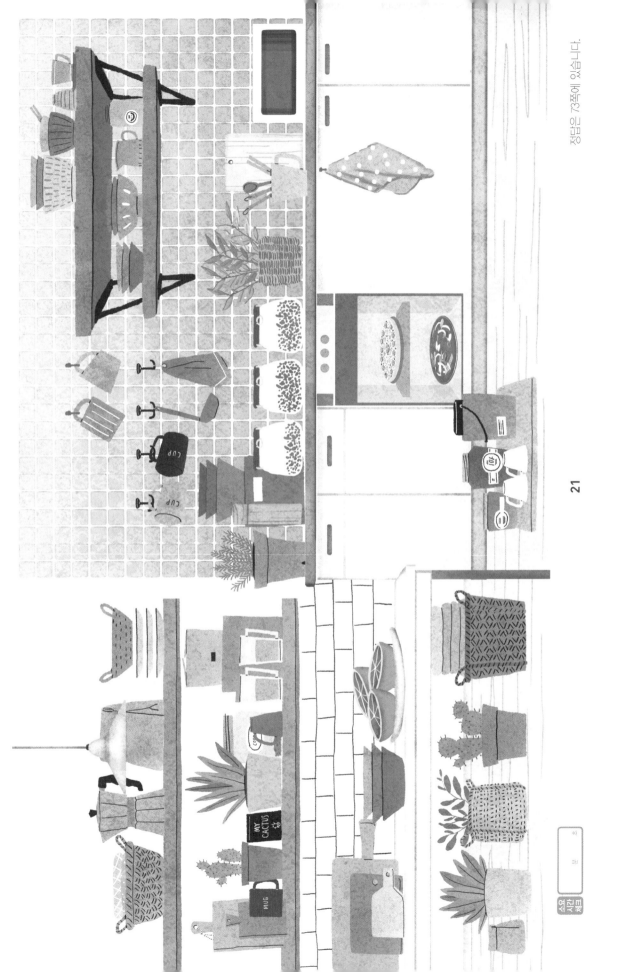

정답은 73쪽에 있습니다.

21

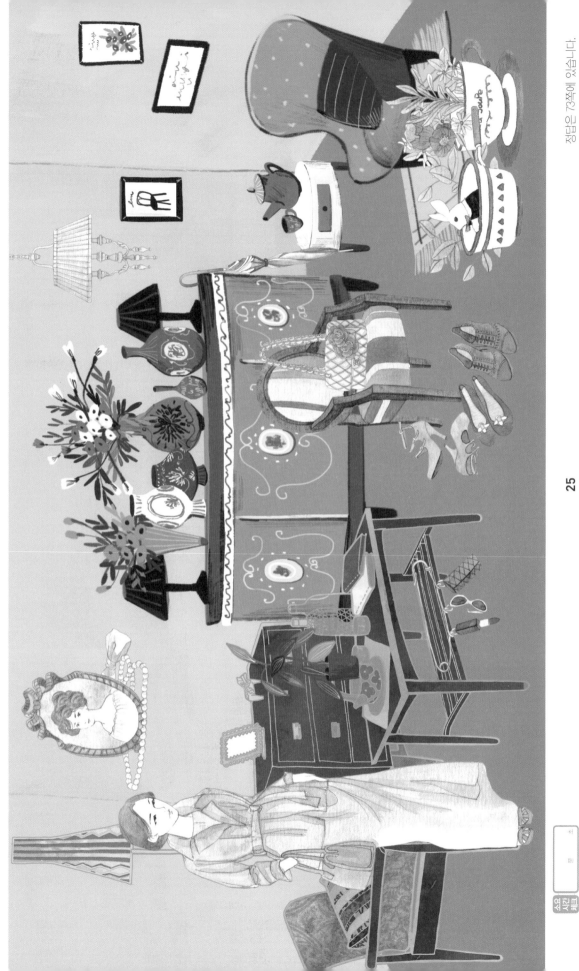

정답은 73쪽에 있습니다.

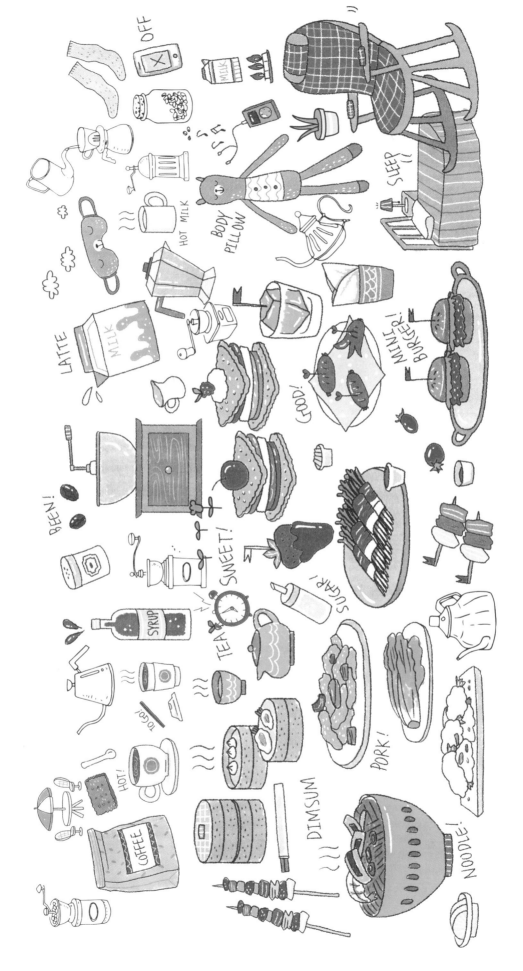

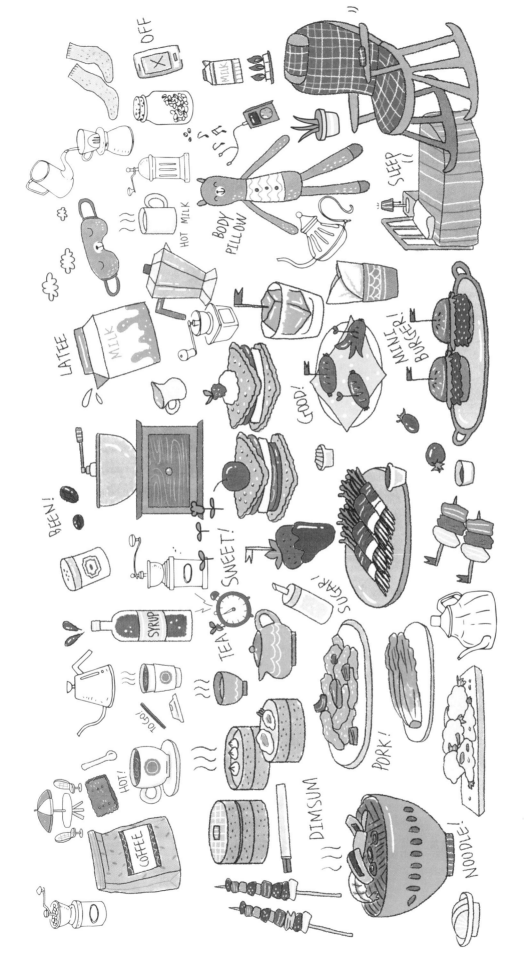

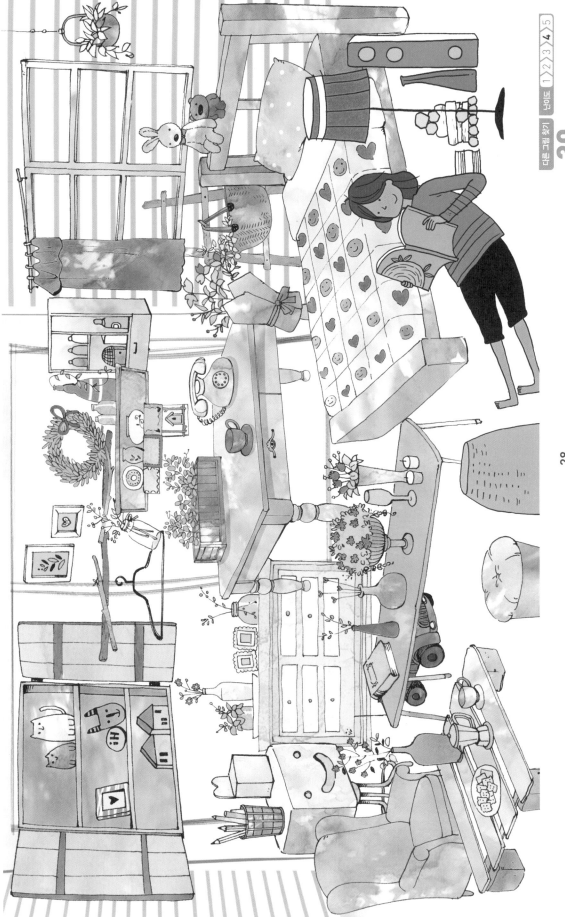

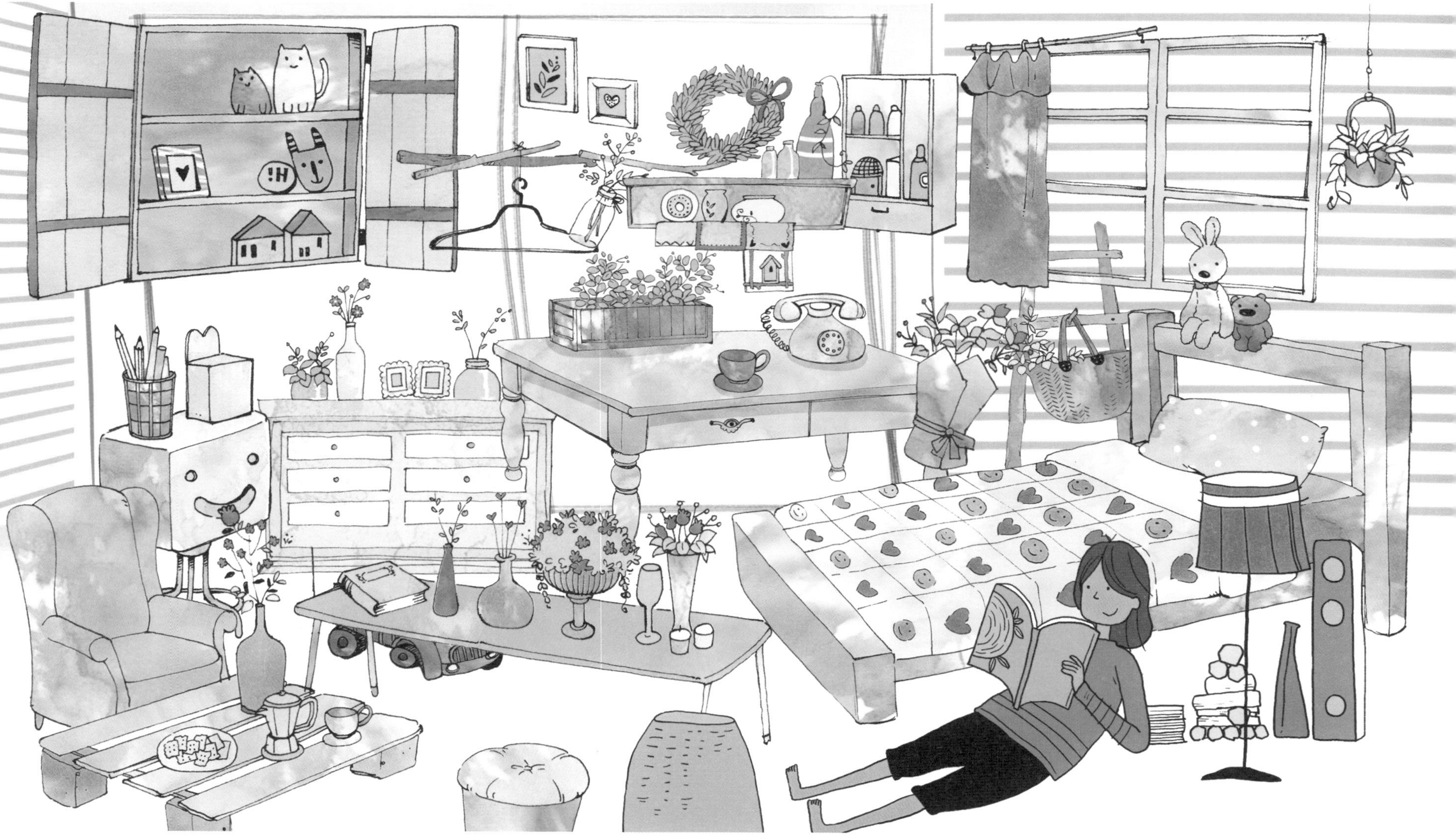

소요 시간 체크 분 초

정답은 74쪽에 있습니다.

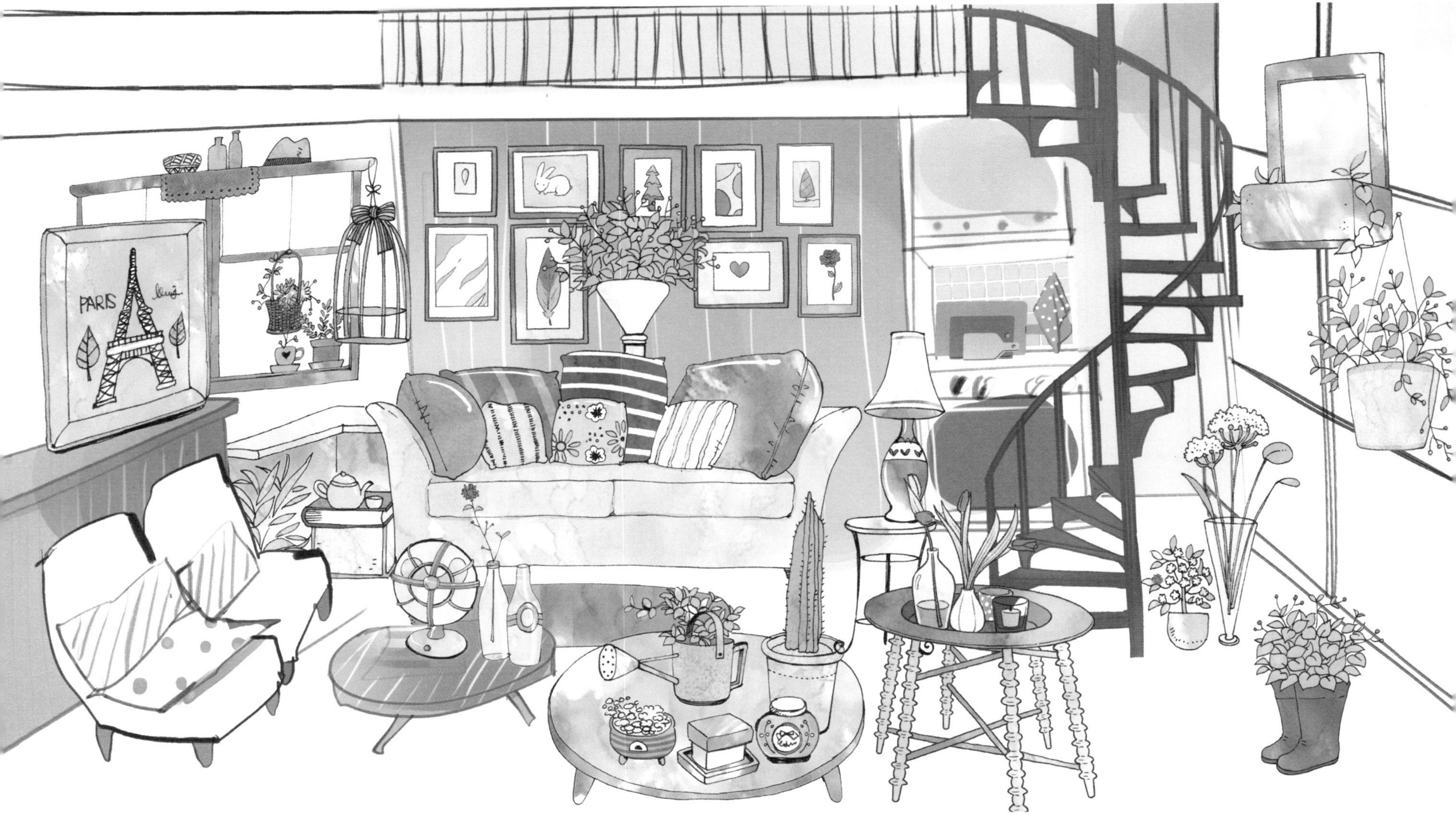

소요 시간 체크 분 초

정답은 74쪽에 있습니다.

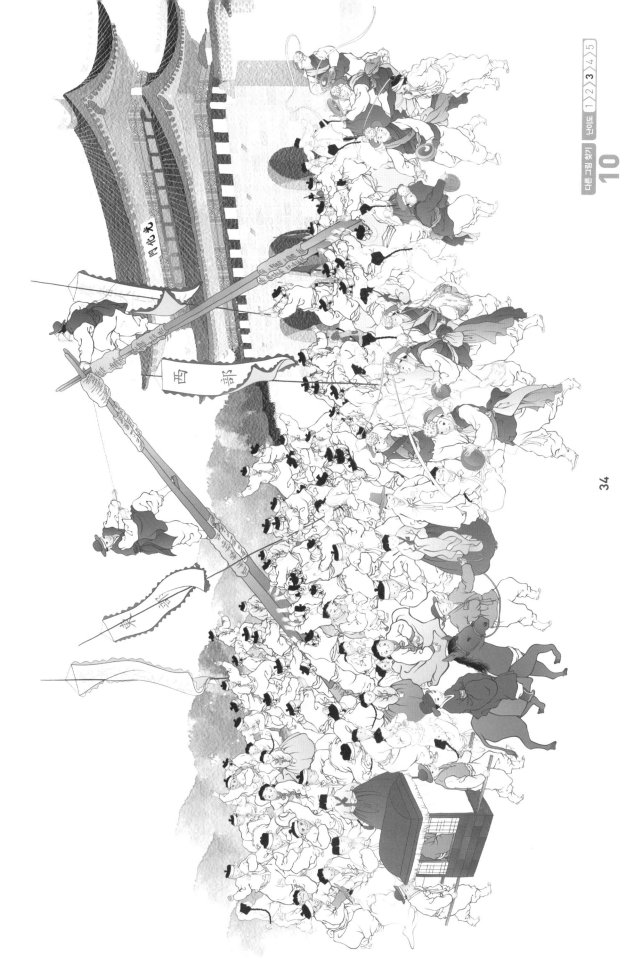

※ 새로 등장한 사람 10명을 찾아 보세요.

정답은 74쪽에 있습니다.

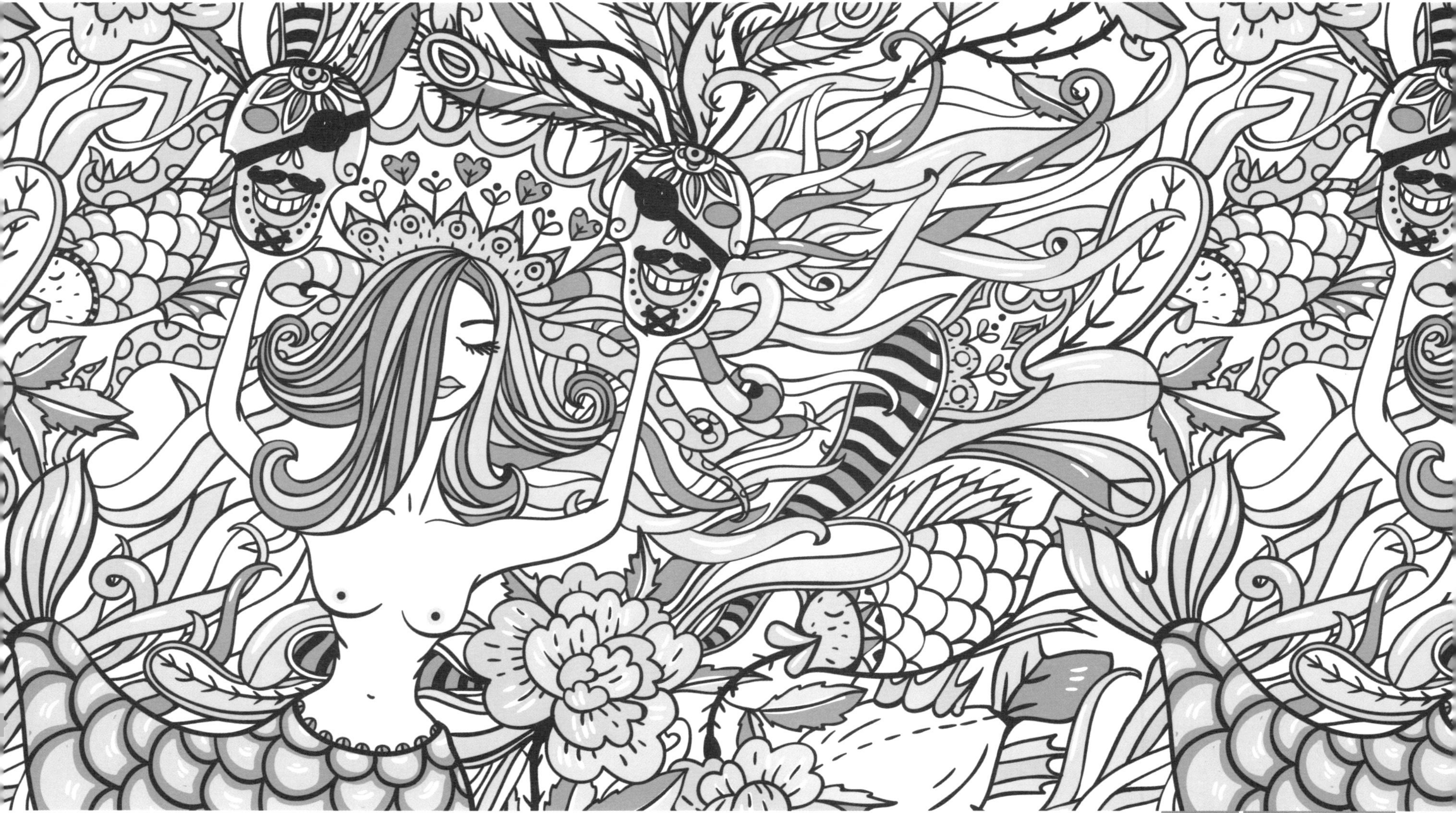

다른 그림 찾기 난이도 1 2 3 4 **5**

31

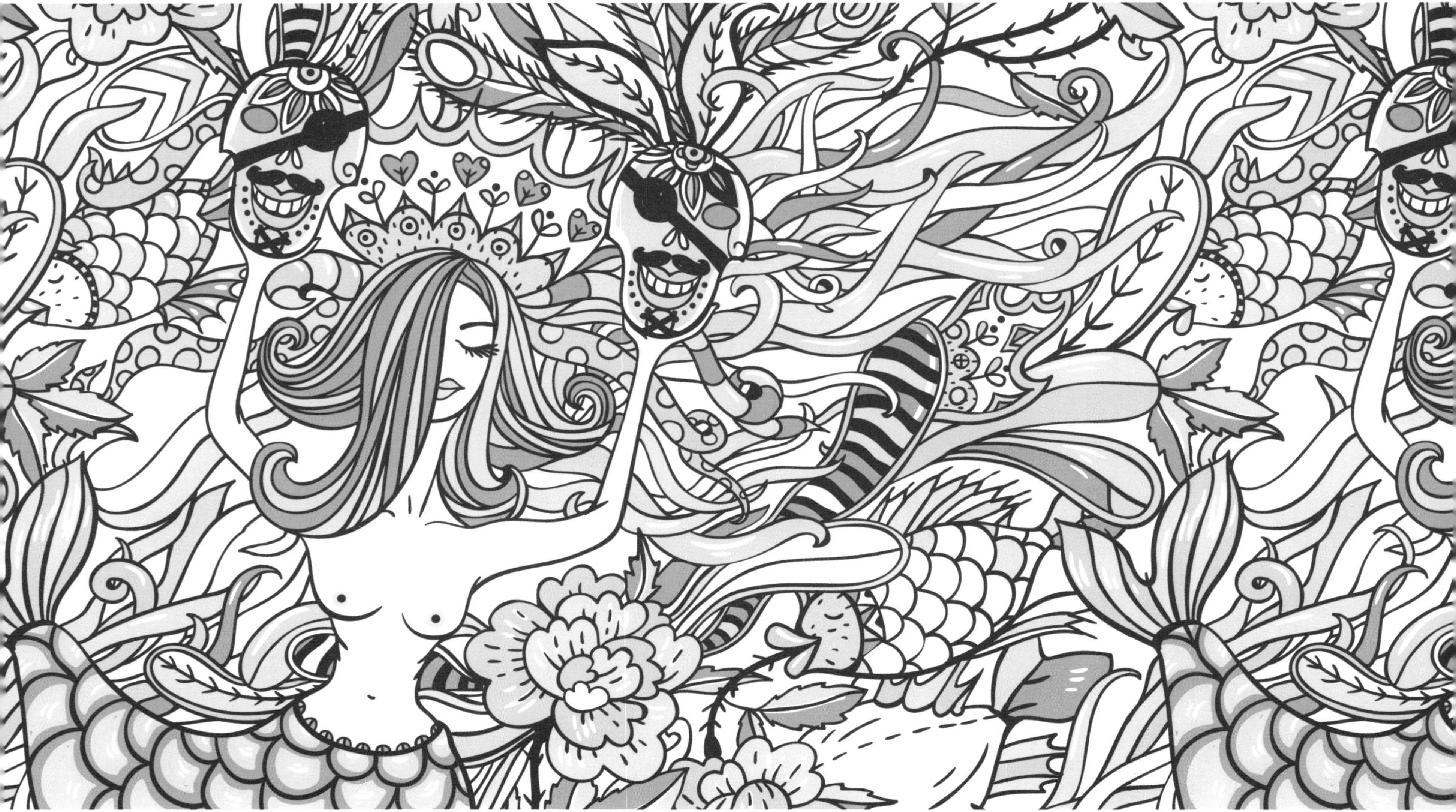

소요 시간 체크 분 초

정답은 75쪽에 있습니다.

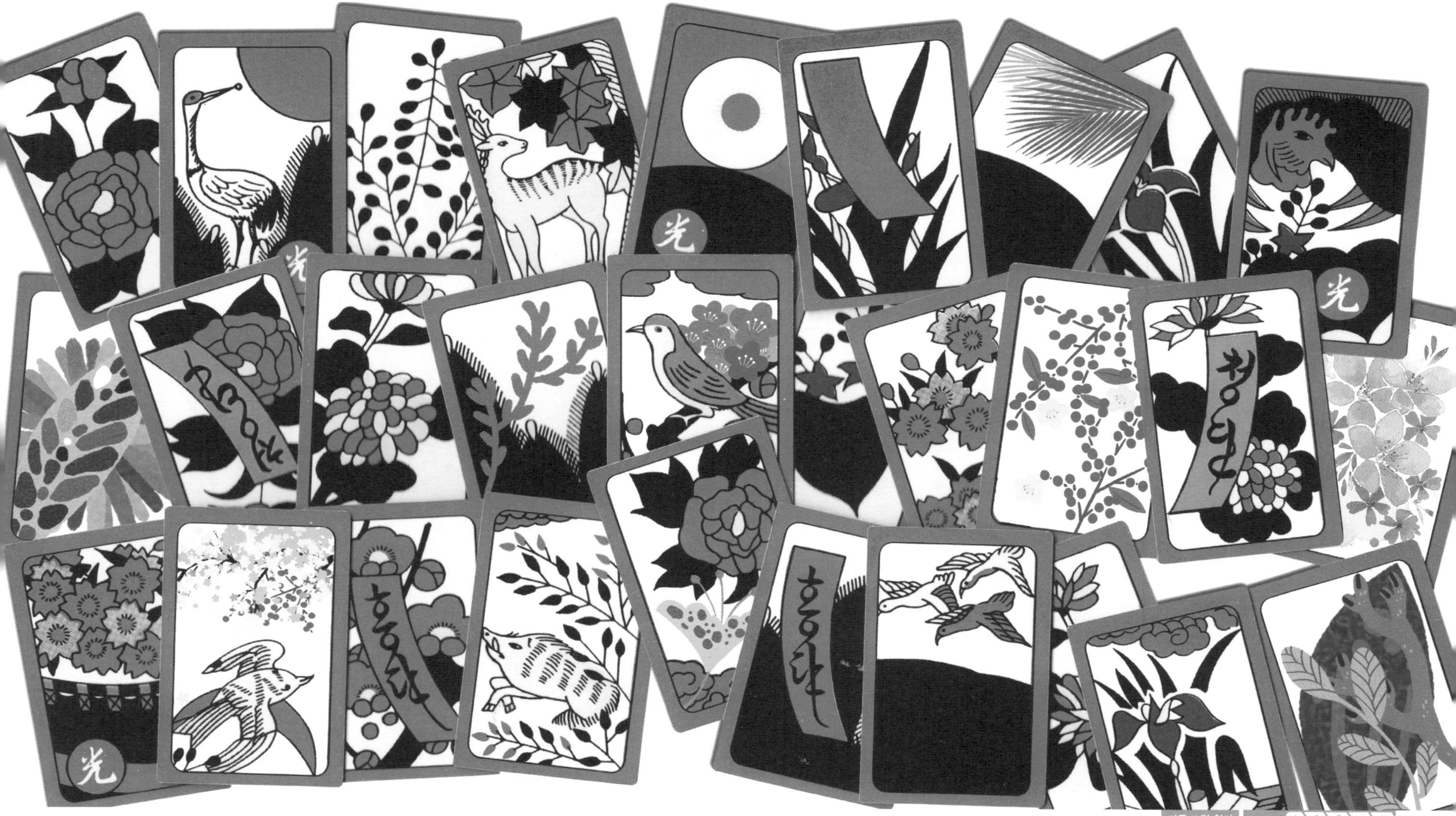

다른 그림 찾기 난이도 1 2 3 4 5

41

What Plan

FLY

Hi~

travel in space

star

SPACE

Let's 9o

Rocket

Rocket

Hello!

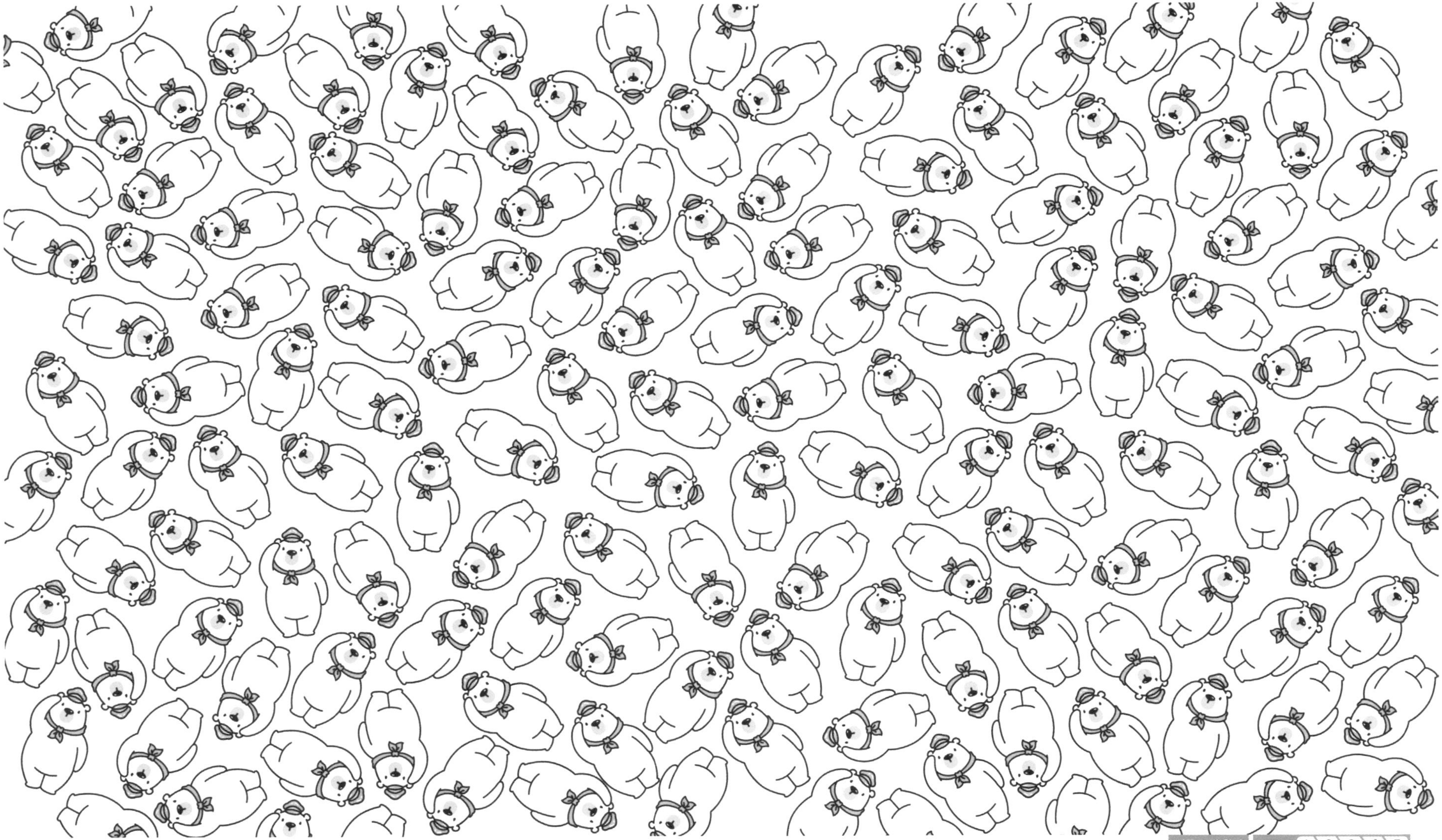

다른 그림 찾기 난이도 1 2 3 4 5

25

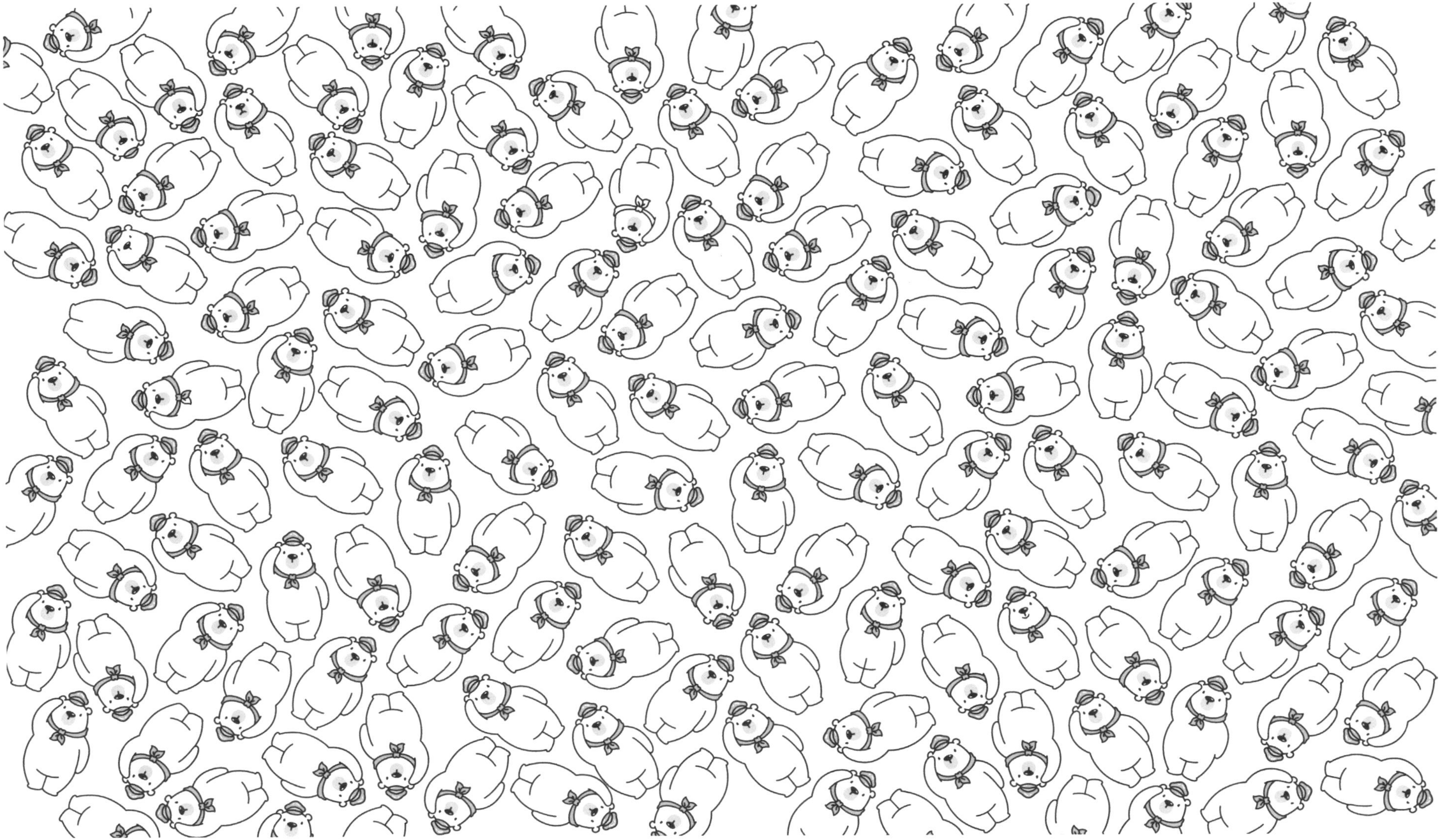

소요 시간 체크 분 초

정답은 76쪽에 있습니다.

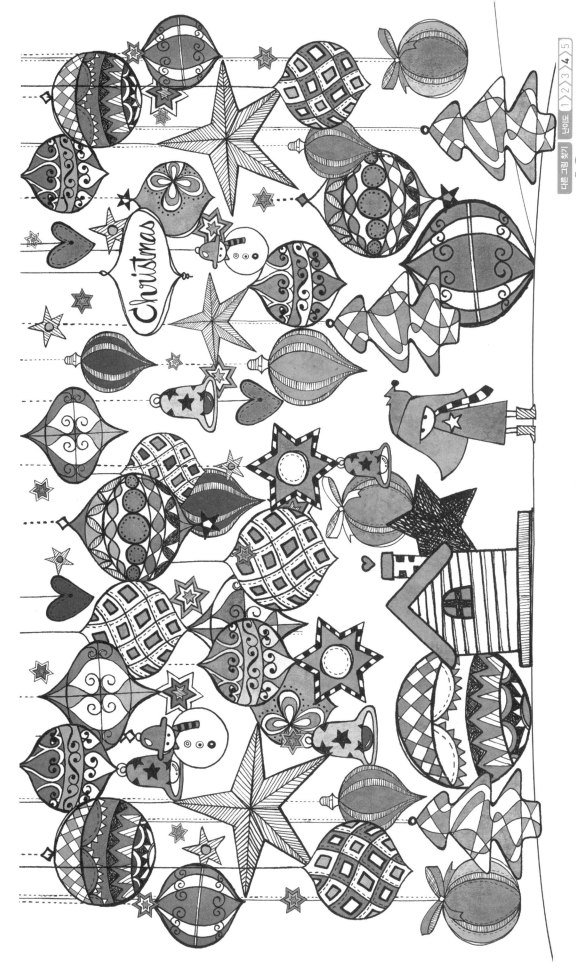

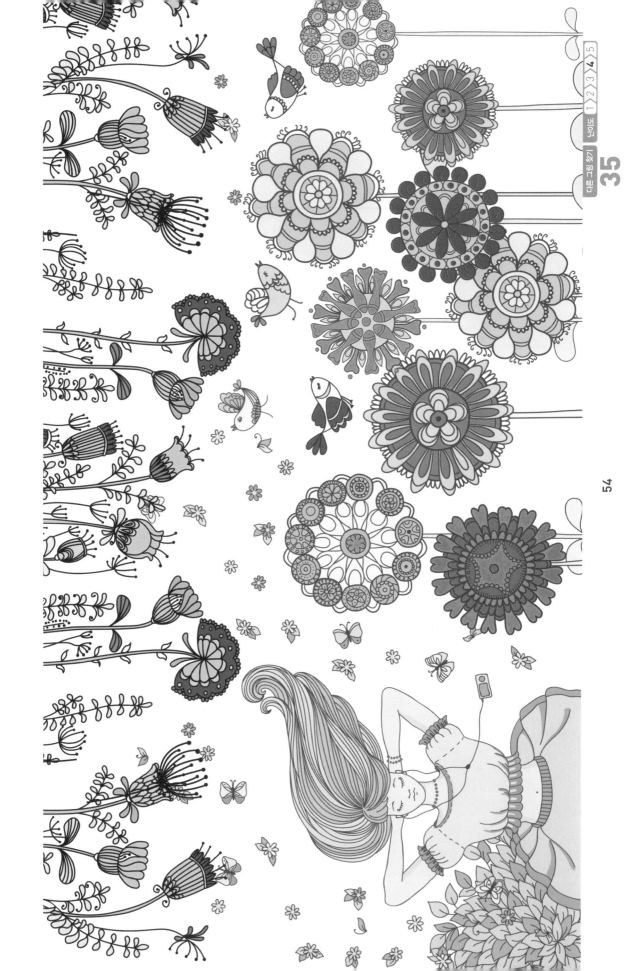

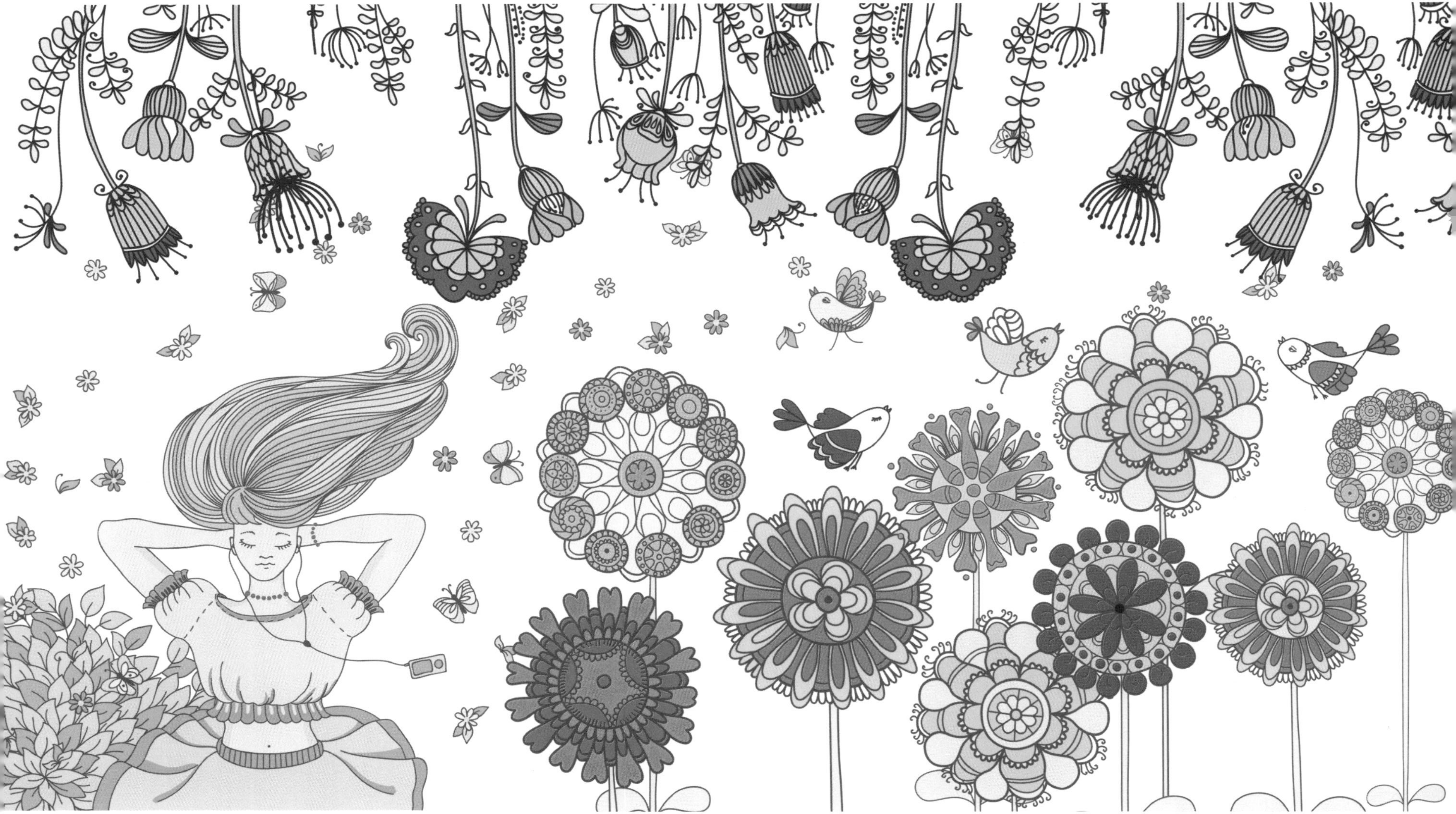

소요 시간 체크 분 초

정답은 77쪽에 있습니다.

WE LOVE SUMMER

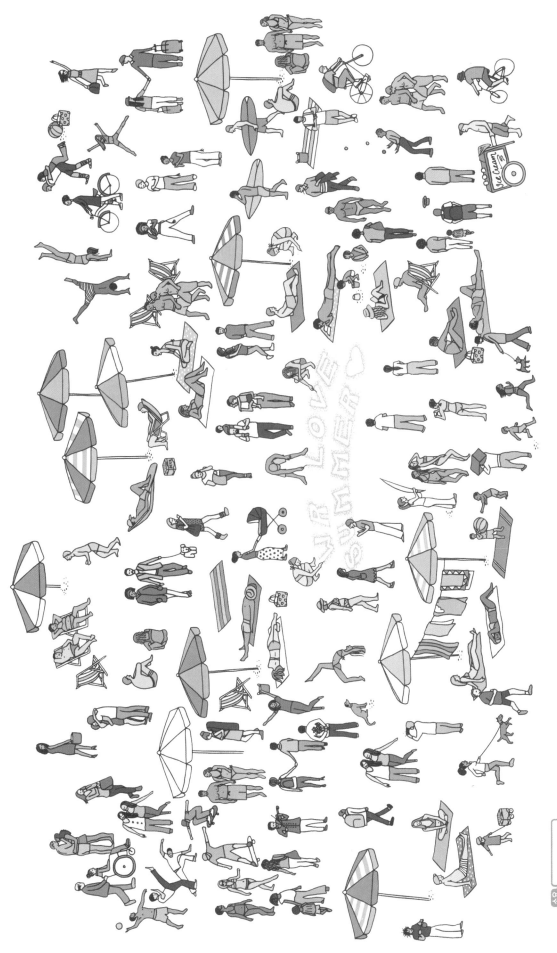

57

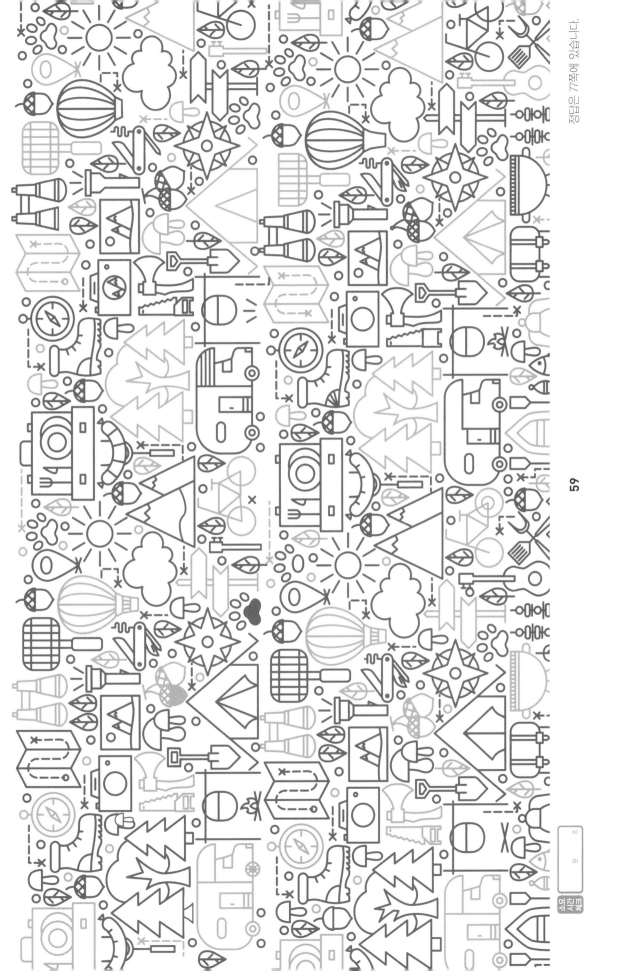

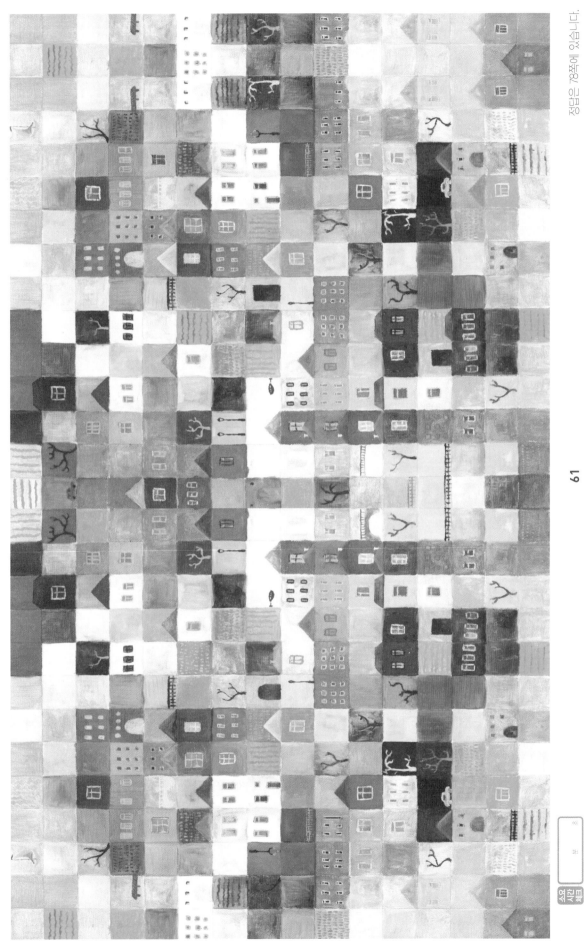

소요 시간 체크 분 초

정답은 78쪽에 있습니다.

소요
시간
체크

분   초

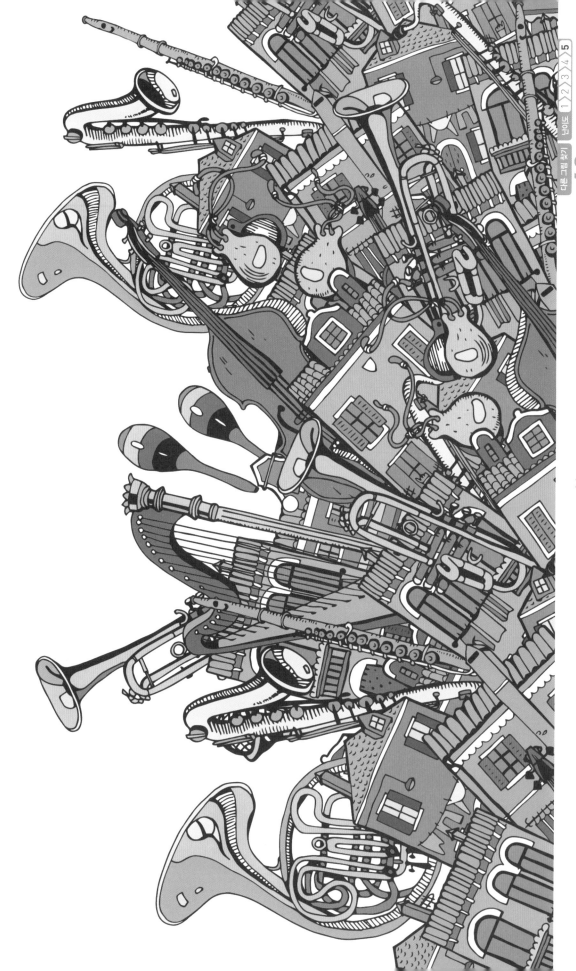

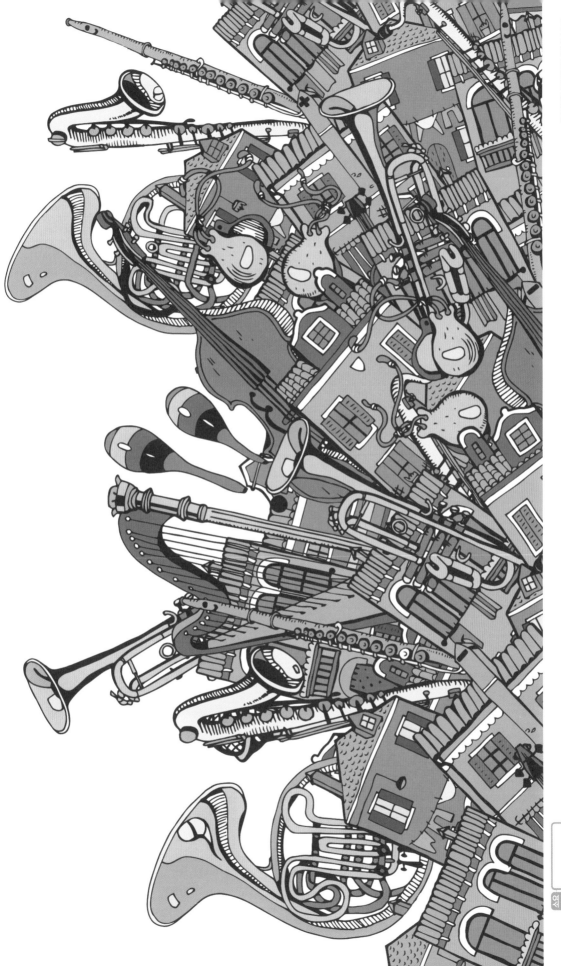

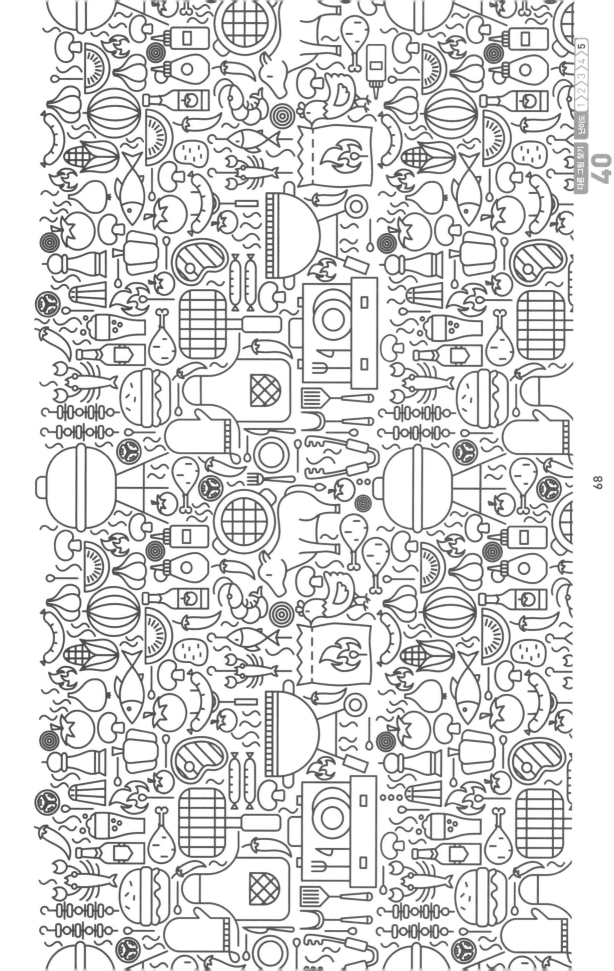

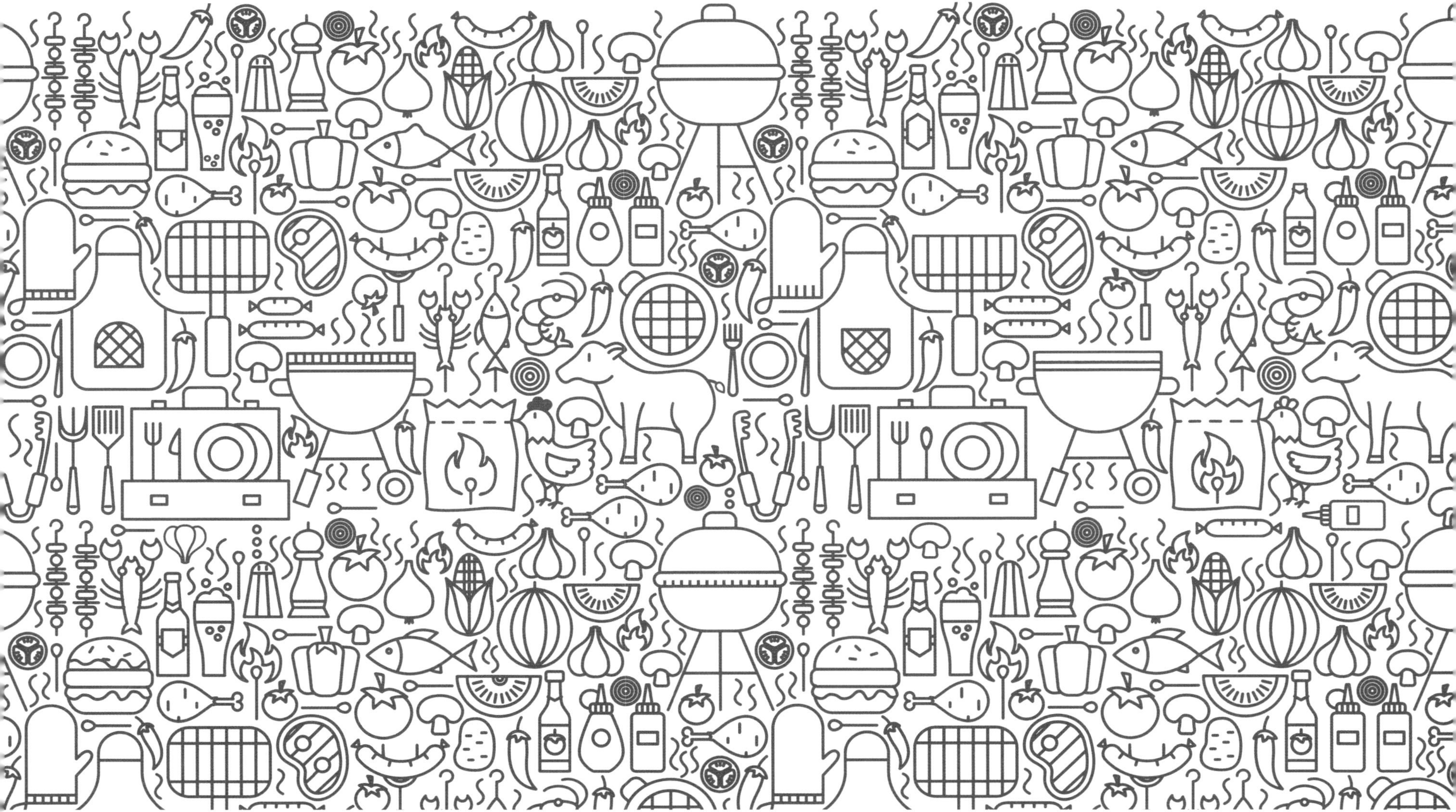

소요 시간 체크 분 초

정답은 79쪽에 있습니다.

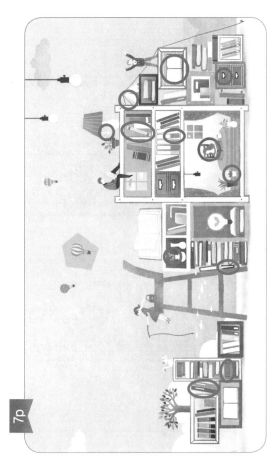

7p

11p

5p

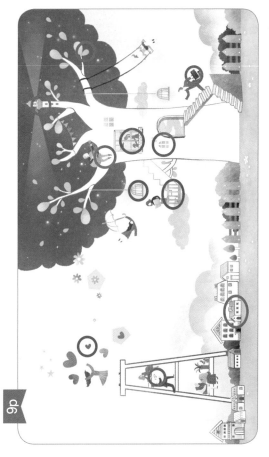

9p

15p

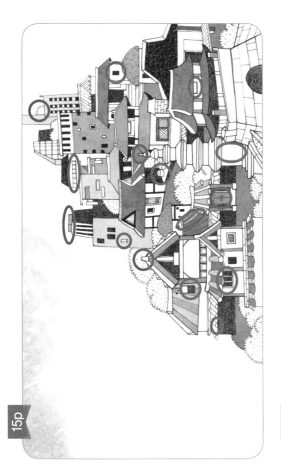

19p

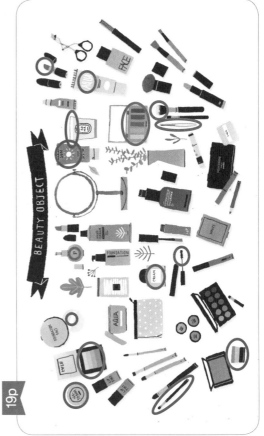

BEAUTY OBJECT

13p

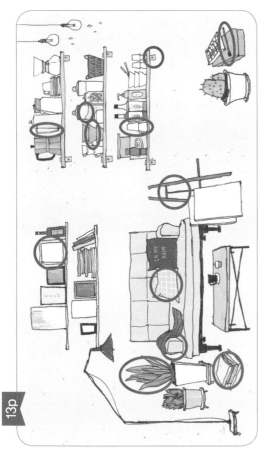

17p

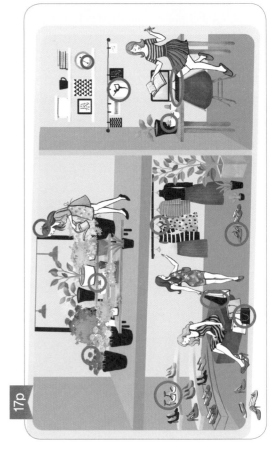

23p

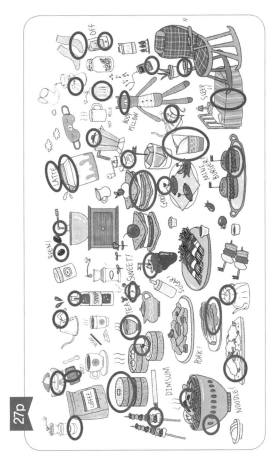

27p

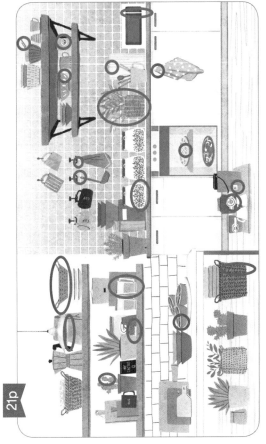

21p

25p

31p

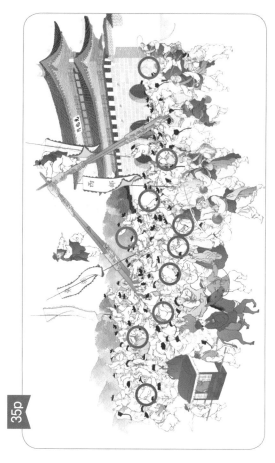
35p

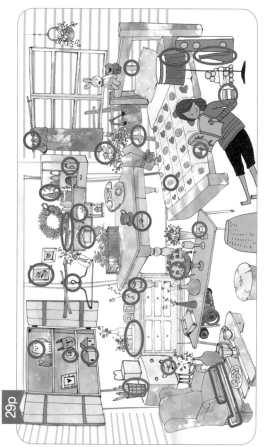
29p

33p

39p

43p

37p

41p

47p

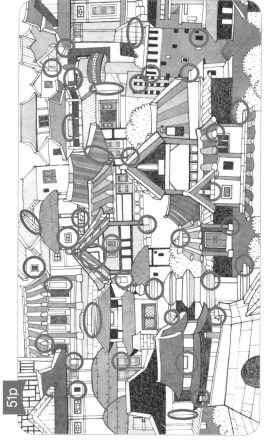

51p

45p

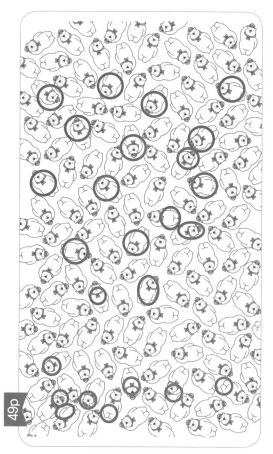

49p

55p

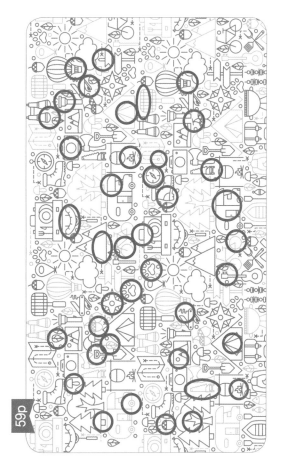

59p

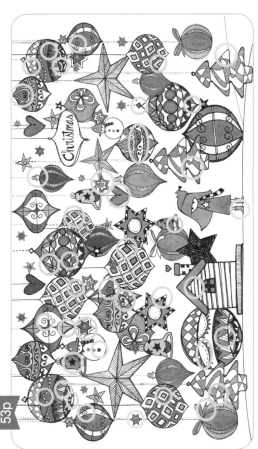

53p

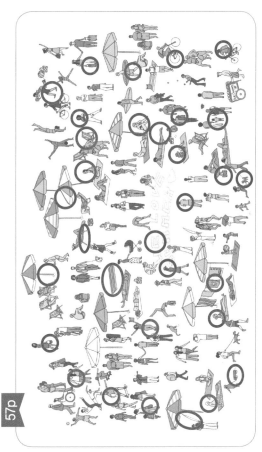

57p

정답

77

63p

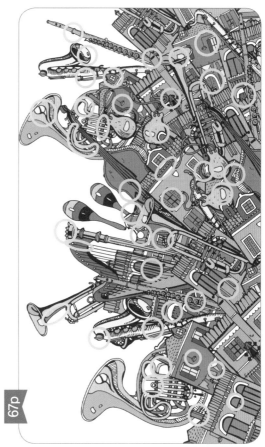

67p

61p

65p